JN437837

Meaning of Life

삶의 의미

오정미 시집

Meaning of Life

삶의 의미

초판 인쇄 / 2013년 4월 20일
초판 발행 / 2013년 4월 25일

지은이 / 오정미
펴낸이 / 김경옥
편집 / 이진만 염민정
펴낸곳 / 도서출판 온북스
등록번호 / 제 312-2003-000042호
등록년월일 / 2003년 8월 14일
주소 / 서울시 종로구 관수동 154-1
전화 / 02) 303-0762, 2273-4602
팩스 / 02) 303-2010, 2274-4602
전자우편 / bjs4602@hanmail.net
값 8,000원

ISBN 978-89-92364-57-7 (03810)
* 잘못된 책은 바꾸어 드립니다.

Meaning of Life

삶의 의미

오정미 시집

온북스
onbooks

길을 잃어서
길을 헤매서,

삶을 헤매서
삶을 찾아서

골목길이 육체적으로 가야 할 길이라면,
Meaning of Life는 정신적으로 가야 하는 길이다.

오정미

/ 차 례 /

2. 사회를 바라보는 눈, 세상을 찾아서

3. 네 삶을 바라보는 눈, 너를 찾아서

4. 내 삶을 바라보는 눈, 나를 찾아서

1

Meaning of Life,
삶의
의미를 찾아서

프로의 세계

" 새들의 날개 짓, 아름답지만은 않았다 "

질서
최선
바다라는 무대
연출
화려한 비행 쇼

먹이 앞에선 더욱
강한 날개 짓

배가 고플 법도 한데

다른 새들의
날개 짓, 모양 따윈
관심이 없다

오직 본인의 날개만
힘차게, 힘차게
퍼덕이며 쇼를 한다

능력 발휘에 잔꾀란 없다
날개 짓은 더욱 우아하고 환상적이다
한없이 멋있다

과자 하나를 입에 넣기 위해 갈매기는 '백 바퀴' 돌았다

삶의 반성과 지혜로움을 얻고 새우깡 하나를 주었다
과자부스러기를 미끼로 갈매기의 혼을 가졌다

30분의 초호화 비행 쇼
관람료는 새우깡 한주먹
새들은 찡그리지 않았다
프로의 세계였다

벼와 잡초

벼와 잡초
많이도 닮았구먼,
같은 '벼과' 식물이었네,

장마에 젖으며
더불어 놀던
초록 친척

벼가 클 때
잡초도 잘 큰다

풍년가
흥겨운 날,
날 선 톱니에 잘려나간
잡초가 생각나네

돈벼락

사람들은 돈벼락을 맞고 싶어한다
벼락 맞으면 죽는다

그러나,
사람들은 그 돈벼락을 꿈꾼다

효율

‘황조롱이 새’

공중에서 깃털 몇 개만 “파~르~르” 떨며 정지비행을 한다

한 치의 오차도 없이 생존을 위해 하늘에서 파~르~르
숨소리 낮다

Green belt

부호들은 숲 속에 산다
Green belt
우리말이 없어 "그린벨트"

영국에서 태어나
한국에서 꽃이 피다

달동네 막으려는
학문을 이용한 행정적 차별정책

그 꽃은 이 땅에서
언제 지려나

연비

모기는 미세한 피 한 방울로 하루를 버틴다

에너지 효율이 아주 좋다
연비가 작게 든다

인간은 모기 주둥아리 같은 주사바늘을 만들 수 없다

스스로 무얼해야 하는지 아는 효율적인 인간이고 싶다

부메랑

던지면 내게 다시 돌아온다

놀이로
재미로

보이는 것만 알고 있다

지금이 아닌
오늘이 아닌,

내가 던진 아픔 내게 돌아온다
부메랑 효과는 분명 존재한다

배추벌레

잎 속에 숨어
몰래 숨어,

혼이 날까 두려워
훔쳐 먹는 배추벌레,
갉아먹는 벌레

초록색 옷까지 흉내내며
흘깃흘깃,
꿈틀꿈틀,
자지러지는 자연의 생명체

벌레 먹은 배추는 더 맛있는데,
살아있음을 말하는데,
누가 벌레라고 흉하나

그 벌레들 가끔 화나면 배추밭을 다 먹어치운다

독일인들은 벌레 먹은 사과를 고른다던데

속도

매의 한쪽 눈은 사팔뜨기다
수직으로 내려오지 못한다

소용돌이치며 돌리고 돌려
무섭게 바람을 가른다

한 치의 오차도 없이
잠시 한 눈판 물고기,
주둥이 살짝 내민 순간
공중에서 날아와 한방에 낚아버린다

신은 낚시질을 위해 매의 눈을 사시로 만들었다
자연의 법칙이라 해두자!

봄바람

봄바람이 몹시 분다
참 어울리지 않는다

모든 것이
완벽한 줄만 알았던 자연인데
거친 봄바람만큼은
아름다워 보이지 않는다

내가 자연에 느끼는 서운함
자연이 내게 주는 걸 생각하면
견딜만 하다

태양은 더운 공기로
얼굴을 들이밀며,
대지를 덥히고 열광의 노래를 부른다

지겹게도 추웠던 지난겨울
먼지 쌓인 두터운 코트
아직도 어깨를 양껏 짓누르는데

봄이 온 낌새도 못 차리고
오늘도 움추려 걷고 있네

땅만 보며 무거운 걸음, 걸음

바람이 멈추면,

집으로 가는 발걸음 가벼이
가족도 내 얼굴을 편히 볼 수 있겠지

차별

서랍 속 흩어진 10원짜리
아무도 본체만체,
주워 모으니 천원이다

천원 지폐 한 장
금방,
눈이 가고 손이 가고

잔돈,
게으름은 돈도 싫이힌다

선긋기

Spectrum
빨 · 주 · 노 · 초 · 파 · 남 · 보

선과 선
누군가는 그어야 한다, 언젠가는

사이와 사이
한끝에 끼여,
너무 한스러운,

답답함
속상함

선에 붙어 끼어 있는 나

답답한 나
나를 그어 버린
선
가두어 버린 선
답답한 이 많으리라

신용카드

긁어 버린 시간
어떻게 돌려막을까,

어제를
막으려 하네,

아버지, 형, 누나, 동생,
과거를 빌려 보네

쥐구멍만 한 아파트

애써 흘린 땀방울,
기쁨, 노력

대출이라는 미래

돌리고,
당기는 방법

시간은
눈물을 허락할까,

카드 돌려막기
시간 돌려막기

시간이 흐르는 이유,

인간에게 주어진 시간,
타인의 시간
허용했을까,

'시간은 앞으로만 흐를 것이다'

50% Sale

50% Sale
유혹하네,

안사면 100% Sale

쪼끔

쪼끔한 마음표현 하나,
행복하게 한다
큰 행복은 쪼끔한 일이 모인 것
근데, 많이들 안 되는 일이다
쪼끔이란 분명 쉬운 게 아니란 이야기

쪼끔의 변화
쪼끔의 행복

쪼끔의 무시
큰 파괴

봄

겨울은 오라지도 않았는데
이미 내 옆에 와 있다

봄도 그렇게
이기적으로 오겠지,

시간
혼자 훌쩍 떠나 버리는 것
그렇게 혼자 가는 것

시간은 계속해서 간다
보란 듯이

의미 없는 나를 두고
텅 빈 나를 두고

Black hole

너랑 나랑 선후배
너랑 나랑 고향 친구
너랑 나랑 친인척

마음의 근친상간
정신적 멸종위기

우주 속 블랙홀
진정 그대는,
어디에서 흐느끼고 있는가

生成

힘은 없는 곳에서 나오는 게 아닐까
오늘 연구 꺼리다

힘은 없는 곳에서는
生成이 되어 나올 것이고

힘이 있는 곳에서는
활용하고, 아끼려, 생각하려
들기때문에

갈수록 힘은 떨어지는 것이 아닐까?

新 힘과
舊 힘의
차이

늙은 소나무가,
先山을 지키 듯,

오랜 歲月

先山을 지키고, 祖上墓를 지키며,
默默히
외로이
서 있다

나는 先山도 古木도 외로움도 사랑한다
힘이 없는 내게 힘이 生成되게 하소서

– 2년 전 일기中 –

미래는 눈앞에

" 깜짝 놀랐다 "

미래는 지금 내 눈앞에 다가와
나를 빤히 바라보고 있다

멀리 있는 줄 알았던 미래는
오늘과 어제가 되어버리고

조바심도 초조함도 없이
비범한 시간은 또 이 순간을 지나쳐버린다

겨울 유리창 성애처럼 냉기 품은 듯 어쩜,
쌀쌀맞은 눈빛으로 물끄러미 내 얼굴을 응시하고 있다

2

사회를 바라보는 눈,
세상을 찾아서

Meaning of Life

" 너와 나 둘이면 우리가 이루어진다 "

삶의 의미를 찾아
잃어버린 의미를 찾아

답을 구하고 생각을 해본다

계속해서
오랫동안
서서히
서서히
답이 떠오를 때까지

미움과 원망이 아닌

모두가 이해하는, 기분 좋은 최대한의 값

' Meaning of Life '

연

혼자 신이 났다

긴 실선 쭉 타고 올라가면
높게 앉아 있다

멋대로 이리저리
천하를 누리듯
보란 듯이 찬 공을 누빈다

소리 없이 말없이
긴 끈
끝으로 전해진
손끝으로 내려오는 진동
내 몸을 휘청휘청 긴장하게 한다

손도 닿지 않고
말도 닿지 않고
맘도 닿지 않고

감아서 당겨볼까

크게 소리쳐 볼까
다른 연을 만들어 볼까

끈을 놓아 버릴까,

연은 한참 하늘을 난 뒤
어느 순간 이름 모를 어느 곳
바닥에 내려온다

철광석

" 자철석의 특징은 약하고, 무르다 "

자석의 힘이 센 돌,
그 돌은 큰 해양 선박의 나침판 방향도 교란시켜버린다

당기는 힘
끌어들이는 힘,
너를 당기는 힘
나를 당기는 힘

사람도 그런 사람이 있다

부드러운 사람이고 싶어라
강하고 단단하지 않은
그런 사람이고 싶어라

시 · 공간의 막

무대와 연출

막이 시작되면
막은 내려진다

막이 올라가는 공간
막이 내려지는 시간

1막에서 만난 사람
2막에서 만난 사람
3막에서 만난 사람

가끔 인생은 막이 오르고 내린다

공간과 시간은
막을 올리고 내린다

기다리는 목표

강태공이 세월을 낚듯
조그만 배 한 켠
실선 같은 낚싯대 다듬으며
나를 보고 있네,

가끔,

날아드는 새
아름다운 꽃
여러 색 띤 호화로운 실체들
즐거이 손을 내미는,

아직
낚싯줄엔 아무것도
찾아오지 않았지만,

시간의 이동
공간의 이동

낯선 설움
흘린 웃음

고요한 강,
기다리네,
순간의 이동은 분명 내게로 흐르기 때문,

만남과 실력

" 아, 괴테와 베토벤도 만났었구나! "

역시,
비극과 에그몬트 서곡

이렇게 저렇게
만날 사람은 만나는구나,

" 나만 그런 게 아니었어 "

이런저런 만남
이래저래 헤어짐

200년 전의 대단했던
내 소중한 친구들도
그렇게
그렇게,
만났던 거야

나만 그런 게 아니야,

인연의 삶

인덕과 인연을 가진 후
마지막 선택은
본인의 몫인 거야

에너지

힘은 활용할 수 있을 때 '힘' 이라고 한다

잠재 에너지, 대체 에너지 여러 에너지

시간 공간에 맞는…

우리는 무한한 에너지에 도전할 수 있다

자전거 조업

출발하면 넘어져야 멈춘다

Hub
자전거 바퀴살의 중심

돌린다
힘껏,
돌아야 한다

꿈, 희망

경제도 돌리고
민심도 돌리자

멈추었던
얼어붙은
내가 가진

모든 것들이 이젠 함께 돌아야 한다

'안 돌리면 자빠진다'

힘과 책임감

따뜻한 가슴이 있었는가,
무시와 경멸로 다른 사람의 마음을
아프게 하지는 않았는지
꽃과 나무는 자신과 남을 비교하지 않고 저마다
특성을 드러내면서 조화를 이루고 산다

보통

' 평균의 평균의 평균의 평균 '

진실치는 그 안에 있다
眞理는 普通이다
넓을 普, 통할 通

平凡 – 장점도 단점도 없는 세계
그래서 넓게 통한다

普通안에 眞理있다
정규분포(Normal distribution)
통계학은 가르쳐준다

부품

" 자동차는 약 만 개의 부품으로 이루어진다
그 중 하나가 고장 나면 자동차는 움직이지 않는다
또, 그 하나가 살아나면 자동차는 움직인다 "

발효와 부패

모든 물질은 산소와 만나 산화작용 하며, 발효와 썩음은 문제발생의 차이일 뿐이다

Aim

이리 맞추고
저리 맞추고

생각하고
살펴보고

참아내고
인내하며

잘 조준해서 당긴다
" 정확하게 성공한다 "

Aim 이라고 한다

폭탄세일

오늘부터 폭탄 세일

예쁜 옷
휴대폰
구두
화장품
머리핀
섹시한 속옷

" 폭탄 세일 "
폭탄세일이라 적어 놓았다
폭탄 맞으면 죽는다
그래도 사람들은 폭탄 세일을 좋아한다
죽으러 간다

3

네 삶을 바라보는 눈,
너를 찾아서

폭염

8월 5일 무더위
오후 2시
피서도 힘겨운
뜨거운 여름 38도
뉴스에는 폭염경보

시내 공사현장
오고 가는
오십 즈음의 두 남자

눈은 그들의 얼굴을 향했다

한마디라도 건네면
바로 쓰러질듯한 무게,
고도의 긴장감으로 버티어 내고 있다는 것을
여자인 내가 봐도 직감적으로 알 수 있었다

힘든 모습이란 단어는 필요 없는 듯,
무표정으로 등에 한 말 통씩을 짊어지고 오간다

6시 해 질 녘
무표정한 얼굴 속,
안고 있던 가족들

소주 한 잔과 가장이란 이름으로 둥지를 찾겠지,

잠시 나를 붙잡던 십여 분,

습한 무더위
어지러워 쓰러질 듯 휘청한다

덥다는 느낌은 없었다

관계

사람을 안다는 것은 참 어려운 일이다, 그 사람도 내가 참 어려울 것이다

IT 강국

오랜만의 서울나들이

스마트폰으로
나는 바로
역승무원이 되었다

소파에 편안하게 누워,
손가락으로 '탁~탁' 치며 기차표 발권
소비는 많이, 많이 쉬운
IT 강국

그러나
벌이는 굉장히, 굉장히
어려운 현대사회

먹줄 튕기기

서 있는 사람
기다리는 사람
일하는 사람,

새 옷 입는
횡단보도

먹줄 튕기기,

하얀 분필 묻은 밧줄
극과 극 잡고
바닥에 단 한 번에,

" 탁 "

튕기다

정밀하고 예쁜 선
새로운 건널목
밑그림,

정확한
그림은 성공,

20초 image training
한여름 오후의
재미난 놀이

구두 닦는 집

뙤약볕
가끔 맨손가락에
구두약 묻히며
종일 걸어 지친
손님 구두 몸뚱이
어루만져 광, 빛, 내는 저 분,

공손히 두 손 바쳐 건네는
부인의,
종이컵 속 얼음 뜬 커피 한 잔

들여다보이는 세월

잔 속에 회오리 치는
질풍노도

지난 시절
꿈, 그리움, 기쁨, 의리, 외로움

차 한 잔 차분히
마시고 나면
남은 일들을 마저 할 수 있는 걸까

본능과 이성

' 새들은 본능으로 살아간다 '

규칙적이고 할 일을 철저히 하는 것을
'이성적' 이라고 한다

온 힘을 다한 날개짓,
머릿속엔 온통 새끼 생각뿐

짝~ 짝~ 입 벌리고
젖 달라는 새끼 새
모이를 주며 지극정성 키운다

지치지 않을까?
어디서 그렇게 벌레를 물고 오는지

짜장면도 시켜주고 피자나 한판 시켜버리지
융통성도 게으름도 없이,
비가 오나 눈이 오나
사랑으로 새끼를 거두는 어미 새
떠나야 할 시간이면 냉정하게 모성애를 끊는다

'본능' 과 '이성' 은 같은 건가

솔직함

아는 사람이 쭈그려 앉아 카드 몇 장을 엎어놓고 뚫어지라 보고 있다

" 뭐 하세요? "
" 가만 있어봐, 계속 보면 보여… "

두 시간쯤 지나 일어섰다

" 보입니까? "
" 아니, 안 보이네… "

그 괴짜 같은 분, 참 솔직하다

도토리 저축

다람쥐는 열심히 도토리를 모아
겨울나기준비를 한다

도토리를 하나하나 모아
땅에 파묻어 놓고
겨울 양식으로 사용한다

모으고 아껴서
비상식량을 넉넉하게 준비해둔다

봄이 오면,
남은 도토리 또 밑씨가 되어
도토리나무로 자란다
다람쥐의 묘목심기, 도토리나무농사
참으로 대단하고 기특하다

자연은 저축으로 이루어진다

소리, 똑같은 이야기

들리는 소리
이야기가 들리네,

거실에서 뉴스이야기
똑같은 이야기

또, 들리네,
열린 공원 벤치,
실직자들 정치이야기

또,
선술집
술잔 속 경제 이야기

또 들리네,
벌거벗은 목욕탕 속
할매, 치솟는 물가이야기

또,
공원 의자 허리
걸터앉은 어르신
들려주는 옛날 왕들의 이야기,

모르는 사람과 아는 사람들
다른 공간 속에서
나누는 같은 이야기들,

재능

2000년 전의 볍씨가 발견되다
씨앗 뿌려 물 주고 햇볕을 쬐다
시공 초월한 옛 쌀알 탄생

인간의 무한한 내면에 많은 씨앗이 있다

끄집어내어 꽃을 피울 수 있는
여건을 만들어 주면,
아주 많은 열매가 나오겠지

상상도 못할 내면의 재능들

무게와 깊이

가벼워 내게 왔고 가벼워 보낼 수 있다

거꾸로

시간은 앞으로만 간다
세월도 인생도 앞으로만 간다

" 하지만 삶은 앞으로 가는 것보다 거꾸로 가기가 쉬운 곳이다 "

유의해야 할 부분이다

여인

그녀는 야윈 어깨를 움추리며 또 울고 있다
주변과 세상을 원망하며 한없이 서운함을 느끼며
인간의 나약함이란
한 장의 종이쪽 같은 것
마음의 눈 흘기며,

앞에서
많이 훌쩍이며 설움을 토해낸다
쓴 소리를 조금 늘어놓아도 그저 혼자 있는 것보다
나은 듯,
고개를 끄덕이며
겁에 질린 아이가 엄마를 만난 듯 헐떡이며 눈물을
훔친다
그녀의 눈물은,
무엇을 바라는 것일까 그리워하는 것일까

사랑이란, 삶이란, 그렇게 한 여인을 목이 메게 한다
미치게 한다
다시 태어나도 그녀는 사랑과 함께 살아갈 것이다

두루마리 휴지 베개

8인 병실
잠시 삶에 지쳐
링겔 꽂은 아주머니,

간호하러 들른 남편
보호자 간이침대에
기운 빠진 어깨 걸친다

새벽녘,
휴지 베개를 베고
바닥에 잠든 아주머니

병원에서도 남편에게 아랫목을 내주며
쿨쿨 잠든 아저씨를 병상에서 보필하네,

간이침대에 새우처럼 웅크린 채

가을

올가을은 작년보다
더
멋진 가을이
나를 기다리라고
미리
낙엽과 바람에
편지를 써야지

4

내 삶을 바라보는 눈,
나를 찾아서

토네이도

수직과 수평
균형,

내 맘
감아올리는
회오리,

십자가는 수평보다 수직이 기네

찻잔 속 태풍
술잔 속 폭풍
대지 위에 비바람

블랙홀 속으로 빨려드는
토네이도,

젊은 날의 포효
꿈의 상승기류,

관성의 법칙

잠들기 전 온종일 맴돌던
내가 사랑하는 친구 뉴턴과 오랜만에 만나 이야기했다
작용과 반작용 관성의 법칙에 대해 생각하며 잠든다,
힘은 상호작용하는
“ 어쩜 습관적인 것 ”

석유

오늘은 태양열 에너지에 관해 연구하고 공부했다

태운다,
품고 태운다

에너지 되돌리기

다 타고나면 재가된다
재가 되면 더는 열은 없다

해와 달

문제를 내고 답도 찾았다
근데 답이 두 개가 나왔다

난 하나의 정답을 찾고 싶은데,

해도 뜨고 달도 뜬다
그럼 답이 두 개가 될 수가 있다

그러나 해가 있어야 달이 있다

우울증 치료제

약간의 저금을 했다

오늘부터 일 년간 할 예정이다

갑자기 생기가 돌고
우울기가 사라진다

효과 면에서는

한 잔의 술보다
한 알의 약보다

빠른 호전증세를 보인다
우울증도 자본주의와 함께 한다

우울증의 특효약

저금

다이아몬드

도시에 살까
숲 속에 살까
꿈속에 살까,

방울방울
비눗방울
꺼지지 마라,

꿈의 버블은 다이아몬드가 되어 굳어라,

기다려진다,
기다려지네,

버블은 현실에서
그냥 머물러라

꿈을 보네
꿈을 꾼다,
다이아몬드, 삶

소음

델포이 아폴론 신전

'너 자신을 알라'

소크라테스
'너 자신의 무지함을 알라'

난 이 말을 사랑한다
계속해서 나를 연구 중이다

신전은,
말이 없다

대문

좁은 대문 큰 세상
큰 대문 좁은 세상

문을 열면 세상은 펼쳐진다

난 좁은 대문을 열고 들어서는 순간 큰 세상을 안겨 줄 것이다

시간

시간에게 버림을 받으면 많이 외롭고 쓸쓸하다,
고아가 된 듯이

사색

사색 속에서 만나는 그리움
그리움 속에서 만나는 의미

의미를 돌이켜 주는 현실
현실 속에서 비치는 내 모습,

다시 찾는
또 다른
나의 세계

미래,
미지,

가벼움 속에서 무거움을 찾아보네
무거움 속에서 가벼움이 찾아오네

기호식품

먹고 남은 밥,
사료도 되고 비료도 된다

커피를 뽑고 남은 원두찌꺼기

음식물 쓰레기통에
그대로 넣으려다

돼지와 식물의 기호를
몰라 버리지 못한다

자연, 각자 취향이 다르듯이

* 자연 : 인간도 포함

사람

씨앗을 품은
사람으로 태어나
꽃이 피고 열매를 맺고 싶다

로망스

저녁 내내 비가 오다
음악에 흠뻑 젖는다

" Beethoven의 Romanze op.40 & 50 "
비 오고 난 뒤 모든 것이 가라앉을 때
내 마음도 가라앉는다

베토벤의 갈등과 고뇌에 찬 얼굴
어디서 저런 부드러운,
사랑의 속삭임이 나올까

그래서 극과 극은 통한다 했는가
나도,
베토벤 기질이 좀 있는 것 같다

축

축은 수직이다

중심이다

중심은 힘이며
중심은 축이다

'중심축'이라 한다

중심을 지키는 자는 힘을 가지고 있다
중심은 수직과 수평 둘 다 가지고 있다

이성과 감성
양쪽의 능력과 힘

낙엽들의 대화

낙엽이 숨을 죽이며 덮어 싸고 앉은 모습
낙엽들은 소곤소곤 대화 중,

밟지 못하고 비켜 지나간다

약속

어제는 매일 한 줄씩 쓰기로 한 혼자의 약속을 지키지 못해 오늘 2개를 쓸 예정이다

좋은 표현 – 약속
다른 표현 – 강박증

3종 세트

믿음, 소망, 사랑

인간이 더욱 앞서 가지고 있는 것

미움, 질투, 허영

퍼즐

되는 일은 세상이 알아서 제자리를 찾아오고 찾아간다
한 치의 오차도 없이

인위적인 일은 아무리 맞추어도 되지 아니한다
한 조각 모자라는 퍼즐처럼

3大 바이올린 협주곡

베토벤 op.61
멘델스존 op.64
브람스 op.77

오늘 다 듣고 자야지
오랜만의 휴식

$E=mc^2$

지인의 몇 마디
- Simple Life -

우리나라 유명 시인 중 평생 단어 몇 백 개로 名詩를 만드신 분이 계신다
사람이 살아가는데 크게 전문용어나 문구가 필요 없음을 나는 안다

내가 아는 지인은 몇 마디 대화법으로 세상을 사는데
아무런 문제가 없다

" 식사했는교 "

" 뭐하꼬 "

" 됐는교 "

이 세 마디

이분은 그래도 이름 있는 조그만 조직의 대표다

표준어로 풀이하면

" 식사했는교 " -> 안녕하세요

" 뭐하꼬 " -> 무엇을 도와드릴까요

" 됐는교 "-> 만족하십니까

인간 연비

쬐끔 먹는 것,

작품도 나오고
연구도 나오고
예술도 나오고

우주선도 나온다

쬐끔 안 먹는 것,

죽는다고 전부 깽깽 거린다

가장
무한대로
효율적인 기계

인간

요즘

내가 할 일을 빨리빨리 해야겠다
바쁘다
시간을 기다리게 하는 것, 예의가 아니겠지

살아가는 것

자세히 들여다보니 새의
날개짓은 그리 아름답지만은 않았다
내가 새라면 부끄러울 정도의
몸짓이었다

새도 모이를 입에 물고
있을 땐 웃고 있다

사치

사람을 사랑한다
나는 사람 사치를 한다

갈수록 사랑은 깊어
갈수록 사치도 더 해

인기

하늘을 치솟을 듯한 인기몰이를 한
존 레넌,

하얀 옷을 입고
신이라 착각하는 순간

인기는 땅으로 떨어졌다

평면

꼭 넘어야 할 산도 있다
산을 넘는 것은 힘이 많이 든다
숨도 많이 차다
난 시간이 좀 걸리더라도
산을 평지로 만들어
걸을 것이다

풍경

가끔

잔잔한 바람 불어
은은한
풍경소리

전신에,
정신에
흐르는
전율

내 마음
자연 가락에
살포시
상쾌함이,

다음 여정이
흥미로워라

여기까지

여기까지가, 길
다 왔습니다

안내표지판
땅 깊이 묻고

시름 뒤로하고
세련되게
폼 나게,
소리 없는 야호도 질러보고

공작이 펼친 자태
장닭의 서슬 퍼런 벼슬
새로운 길을 찾아볼까,

아마도 그 길은
이제,
걷지마라 할겁니다

편지

" 좋은 사람을 알게 된 것은 행운이며, 그 사람의 목소리를 듣게 되는 것은 행복이며,
그 사람과 차 한 잔을 할 수 있는 기회가 내게 온 것은 천국입니다 "

– 날아온 두툼한 편지 속 한 구절 –

인간은 모두 같은 외로움을 마음 한편에 가지고 살아간다

글을 마치고…

"삶을 헤매는 사람…"

우리가 모두 알고 있는 밀레의 만종, 씨 뿌리는 사람, 이삭줍기는 보통사람들의 평범한 일상을 그린 세계적인 명작이다. 씨를 뿌리고 이삭을 줍는 인간의 평범한 모습— 그 아름다운 진실가치의 표현이 우리에게 감동으로 다가온다. 농부들의 일상생활을 예술로 승화시킨 화가 장 프랑수아 밀레(Jean Francois Millet), 그가 우리에게 보여준 것은 '평범의 美'이다.

삶의 의미가 있을 때 나의 모습과 삶의 의미를 잃어버렸을 때 나의 모습을 상상해 본적이 있는가, 상상해 본다고 그것이 느낌으로 알아지는 것은 아닐 것이다.

즐거움의 하루가 지나면 끊임없이 다음, 그다음, 생각의 생각, 무기력의 무기력. 무미건조하고 지루한 어떤 하루가 또다시 온다. 사람들은 계속해서 답도 없는 그 무엇을 찾는다. 무엇, 그다음 무엇, 또 그다음 또 무엇

을? …이라는 의문이 계속해서 다가올 때 사람들은 생각한다.

우리부모님 세대에는 생존 그자체가 삶의 의미였다. 지금은 그것을 어느 정도 해결해 놓았음에도 젊은 청춘들은 많이 외롭고 힘들다. 정신적으로 막혀버린 그 무엇 때문에 방황과 깊은 고독으로 빠지는 모습들을 쉽지 않게 주위에서 본다. 그것은 부모님 세대에서 고민하던 의미와 또 다른 모양으로 한 세대를 지나서 우리 곁으로 와서 똑같은 의문을 던진다.

어떻게 살아야 할까?
어떻게 사는 게 잘 사는 것일까?
왜, 왜, 왜… 어떻게… 어떻게…

누구나가 태어나고 싶어 태어난 것이 아니다. 태어났으니 어떻게 살까를 고민해 본다. 먹고 살만하니 이제는 삶의 의미를 고민해 본다. 마음의 자유와 소통, 그리고 희망의 메시지는 어디에 숨어서 나를 찾고 있는 것일까? 파랑새는 어디로 가면 만날 수 있는지? 희망과 목적, 삶의 의미는……

우리는 누구이며, 어디에서 왔고 어디로 가고 있는가? 가슴에 품고 있는 열정과 도덕적 관념과 질문들— 고달프고 혼란한 내 삶의 부분 부분들, 오케스트라의 여러 악기 소리를 조화롭게 지휘해 하모니를 이루듯 나의 길도 어떻게 조화를 이루며 살아갈 것인가를 생각해본다.

살아가면서 소소하게 찾은 삶의 의미들—
"Meaning of Life"를 독자 여러분과 함께 할 수 있어 참으로 행복하고 감사하다.

2013. 3. 21 오정미